Vorm Wind ist gut segeln

Seemannssprüche

Einmal Kapitän - immer Kapitän

Ein böses Weib ist des Mannes Schiffbruch

Klein sind des armen Mannes Fische

Den Fischen ist nicht wohl auf dem Berge

Union Verlag Berlin

Aus der Sammlung Wiard Lüpkes' ausgewählt,
herausgegeben
und mit einem Nachwort versehen
von Knut-Hannes Wettig

Mit Grafikmontagen
von Matthias Gubig

ISBN 3-372-00168-0

Inhalt

★

Von Seeleuten 9
Vom echten und rechten Seemann 10
Von guten und schlechten Seeleuten 11
Von Steuerleuten und Lotsen 12
Von Boots- und Schiffseignern 13
Von Seeräubern 13
Vom Seemann in Gefahr 14

★

Von Schiffen und Booten 15
Von großen und kleinen Schiffen 16
Von alten und neuen Schiffen 17
Von untüchtigen und lecken Schiffen 17
Von Booten 18
Von Barken 19
Von Schuten 20
Vom Stapellauf 20
Von Ankern 21
Von Leinen und Takelwerk 21
Von Masten 22
Von Segeln 22

★

Von Seefahrt und Schiffsdienst 23
Vom Hafen 24
Von der Ladung 25
Vom Proviant 26

Vom Seehandel *26*
Vom Fahren *27*
Vom Steuern *28*
Vom Segeln *30*
Vom Rudern *32*
Vom Schiffsdienst *34*
Vom Schiffbruch *36*
Vom Schwimmen *37*
Vom Ertrinken *38*
Vom Ertrinken im Glase *40*

★

Von Fischern und dem Fischen *41*
Von Fischern *42*
Vom Fischgewässer *44*
Vom Fischfang *45*
Von der rechten Art zu fischen *46*
Vom Angeln *47*
Vom Naßwerden *48*
Vom ungefangenen Fisch *49*
Vom Fangergebnis *50*

★

Von Fischen und Seetieren *51*
Von guten und schlechten Fischen *52*
Von großen und kleinen Fischen *53*
Vom schwimmenden Fisch *54*
Vom frischen und vom stinkenden Fisch *55*
Vom stummen Fisch *55*

Vom Stockfisch *56*
Von Heringen *56*
Vom Aal *57*
Von Krebsen *58*
Von Muscheln *58*
Von der Fischspeise *59*

★

Von Wind und Wetter 61
Vom Wetter *62*
Vom Unwetter *63*
Vom Wind *64*
Vom Gegenwind *66*
Von Nordost- und Ostwind *67*
Vom Segelwind *68*
Von Wellen *69*
Von Stürmen *70*
Von Ebbe und Flut *71*

★

Von Wasser und Gewässern 73
Vom stillen Wasser *74*
Vom stehenden Wasser *76*
Von der Tiefe des Wassers *77*
Vom Weg des Wassers *78*
Von den Eigenheiten des Wassers *80*
Vom Wert des Wassers *81*
Vom klaren und schmackhaften Wasser *82*
Von kleinen Tropfen und großen Strömen *83*

Von Flüssen und Strömen *84*
Von der Art der See *85*
Von der Zwiespältigkeit des Meeres *86*
Von Seepferdchens Meeresweisheit *87*
⋆
Nachwort *89*

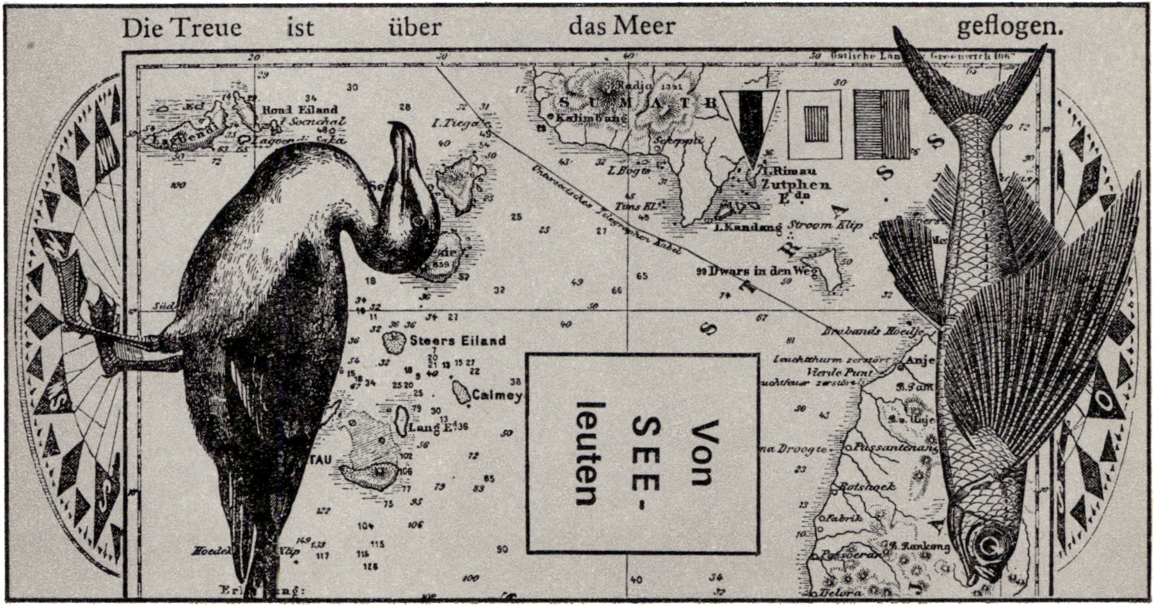
Die Treue ist über das Meer geflogen.
Von
SEE-
leuten
SUMATR
Radja 1341
Kalimbang
I. Rimau
Zutphen
I. Kandang
Stroom Klip
Dwars in den Weg
Rond Eiland
Steers Eiland
Calmey
Lang E.
Brabands Hoedje
Anje
Passanteriang
Rotsnoek
Fabriek
Belora

Vom echten und rechten Seemann

Einmal Kapitän – immer Kapitän.

Wer sich als Schiffer ausgibt, der muß auch als Schiffer fahren.

Man ist noch lange kein Schiffer, wenn man einmal gesegelt hat.

Es geht aufs Schiff, wer aufs Schiff gehen muß.

Einen Seemann haben heißt keinen Mann haben.

Kurz ist des Seemanns Zorn.

Die Treue ist über das Meer geflogen. (Inschrift)

Von guten und schlechten Seeleuten

Bei stillem Wetter sind alle gute Seeleute.

Keiner wird ein guter Seemann, bevor er nicht schwere Stürme überstanden hat.

Den schlechten Seeleuten sind alle Winde Gegenwinde.

Den guten Seemann erkennt man beim schlechten Wetter.

Auf Fahrmann und Fuhrmann muß man sich nie verlassen.

Stiehlt man wenig, so kommt man auf eine Galeere;
stiehlt man viel, so macht man Karriere.

Die heimlichen Diebe sind auf den Galeeren,
die öffentlichen Diebe in den Palästen.

Von Steuerleuten und Lotsen

Ein guter Seemann macht das Schiff sicher.

Ein trunkener Mann hat kein Steuer.

Nicht jeder kann am Steuer stehen.

Stürme erproben Steuermänner.

Fleisch und Blut geben einen schlechten Steuermann ab.

Hinten im Boot sitzt der Steuermann.

Auf einen guten Lotsen kann man sich verlassen.

Bei ruhiger See ist jedermann gern ein Lotse.

Von Boots- und Schiffseignern

Was nützt es, Flaggen zu besitzen und kein Schiff dazu!

Es ist besser, Eigentümer einer Barke als Befehlshaber eines großen Schiffes zu sein.

Wer ein Boot hat, braucht keinen beschwerlichen Weg am Strande zu gehen.

Ein Mann ohne Boot ist ans Land gebunden.

Vorsicht mit denen, die ein Schiff schenken, selbst aber an Land bleiben.

Von Seeräubern

Seeräuber fahren nicht nach dem Gesetz.

Woher der Wind auch weht, daher erwartet der Seeräuber Gewinn.

Zwischen Korsaren gehen nur die Fässer verloren.

Vom Seemann in Gefahr

Glücklich, wen fremde Gefahren vorsichtig machen.

Wer nicht beten kann, der fahre zur See.

Wer beten lernen will, gehe oft aufs Meer.

Erst einmal an Land gelangt, hört sogleich das Beten auf.

Ist die Brücke passiert, wird der Heilige verspottet.

Wer am Galgen sterben soll, kann auf dem Flusse tanzen.

Von Schiffen und Booten
Ein großes Schiff braucht tiefes Wasser

Von großen und kleinen Schiffen

Ein Schiff ist keine Flotte.

Ein großes Schiff braucht tiefes Wasser.

Großes Schiff, große Sorge.

Ein großes Schiff hat große Segel nötig.

Großes Schiff, großes Wasser;
kleines Schiff, kleines Wasser.

Kleine Boote schlüpfen durch, wo große Schiffe sitzenbleiben.

Wo das Größere strömen kann, treibt das Kleinere mit.

Von alten und neuen Schiffen

Eine alte Klippe und ein neues Schiff sind nicht viel nütze.

Klapprige Schiffe bleiben an Land stehen.

Willkommen wie Wasser im neuen Schiff.

Besser mit einem alten Wagen übers Land als mit einem neuen Schiff auf See.

Von untüchtigen und lecken Schiffen

Das dichte Schiff schwimmt, das lecke sinkt.

Ein kleines Leck kann ein großes Schiff zum Sinken bringen.

Einem klapprigen Schiff sind alle Winde entgegen.

Auf leckem Schiff ist beides: Ungemach und sichere Gefahr.

Es bleibe an Land, wer ein leckes Boot hat.

Von Booten

Kleine Boote müssen dem Lande folgen und geringes Volk seinem eigenen Strande.

Weil alle vornehm sein wollen, will niemand das Boot anbinden.

Alte Boote wollen leck sein.

Dem Lande muß folgen, wer ein leckgeschlagenes Boot hat.

Es ist sicherer auf dem Berge, als im Boot zu sitzen.

Ein kleines Boot ist leicht auf Land zu ziehen.

Sitze nicht mit dem Hintern in zwei Kähnen!

Jeder Platz im Boot will seinen Mann haben.

Ein Boot kennt am besten, wer es gebaut hat.

Es taugt nichts, Bolzen zu machen, bevor das Boot gebaut ist.

Von Barken

Frau, Pferd und Barke gehören dem, der sie besteigt.

Wenn die Barke fährt, leitet sie jeder Tölpel.

Eine Barke von mehreren Herrn leidet Schiffbruch.

So alt die Barke auch ist, so fährt sie doch durch die Furt.

An der Frau und an der Barke gibt es immer etwas zu tun.

Für verzweifelte Barken findet Gott den Hafen.

Von Schuten

Vom Boot kommt man in die Schut.

Man hat schon große Schuten in den Grund segeln sehen und nicht nur kleine Breibütten.

Es ist keine Schute so dicht, daß nicht leicht ein Leck kommen kann.

Wer zuerst in die Schute kommt, kann sich seinen Platz aussuchen.

Vom Stapellauf

Wer das Schiff rasch vom Stapel lassen will, schmiere die Wellen.

Beurteile nicht ein Schiff, bevor es vom Stapel gelaufen ist.

Wer nicht schmiert, läßt nicht vom Stapel laufen.

Lobe nicht ein Schiff, bevor es in starken Seegang kommt.

Von Ankern

Mit zwei Ankern fahren gibt die Gewißheit:
Zerbricht der eine, kann doch der andere halten.

Besser den Anker verlieren als das Schiff.

Gut ist es, auf zwei Ankern zu ruhen.

Von Leinen und Takelwerk

Mehr zieht ein Mädchen als ein Seil.

Langsam anziehen, dann bricht die Leine nicht.

Der dritte Strick macht das Seil.

Man wird kein Tau aus Sand machen können.

Manchmal muß man die Trosse fahrenlassen.

Wer das Seil zu sehr zieht, zerreißt es zuletzt.

Von Masten

Von zwei großen Masten auf einem Schiff ist einer zuviel.

Es können nicht zwei Großmasten auf einem Schiff sein.

Hohe Masten fangen viel Wind.

Hoch von Masten, klein von Lasten.

Von Segeln

Es passen nicht dieselben Segel auf alle Boote.

Nicht alle Segel eignen sich für alle Schiffe.

Ein Frauenhaar hat mehr Einfluß auf einen Seemann als das Marssegel auf den Gang des Schiffes.

Was über die Bramsegel hinausgeht, das geht zu weit.

Macht die Segel nicht zu groß für eure Schiffe!

Ob Osten
oder Westen,
Von Seefahrt und Schiffsdienst
daheim ist's am besten.

Vom Hafen

Es ist ein schlechter Hafen, der nicht besser ist als die offene See.

Wer weder Hafen noch Meer passiert hat,
weiß nicht, was zu Gott beten heißt.

Man liegt sicherer im Hafen als in See.

Ob Osten oder Westen, daheim ist's am besten.

Narrenschiffe findest du in allen Häfen.

Es segelt nicht schlecht, wer in einen guten Hafen kommt.

Von der Ladung

Jeder belädt sein Schiff am allermeisten.

Was der Mann mit dem Schiff anbringt, trägt die Frau mit der Nußschale fort.

Es ist besser, ein Raum ist leer als schlecht geladen.

Eine einzige Tatsache ist besser als eine ganze Schiffsladung von Argumenten.

Wer den Teufel eingeschifft hat, muß ihn auch fahren.

Wer einen Bären ins Boot zieht, muß ihn auch über den Sund fahren.

Vom Proviant

Nur der Proviant, der auf dem Schiff ist, ernährt die Besatzung.

Man muß sich nie ohne Schiffszwieback einschiffen.

Wer sich einschifft ohne Zwieback, kehrt wieder ohne Zähne.

Dem Hunger ist rasch verfallen, wer sich ohne Zwieback einschifft.

Vom Seehandel

Handel ist die Mutter der Welt.

Wer immer die Meere beherrscht, beherrscht auch den Handel.

Gedanken sind zollfrei.

Freie Flagge macht freies Schiff.

Vom Fahren

Wer langsam fährt, fährt sicher.

Fahre langsam, so kommst du am besten fort.

Der Weg ist übel zu finden, den das Schiff
in See geht.

Ich rate dir, komm nicht in mein Fahrwasser.

Man muß niemals gegen das Wasser fahren.

Jeder sucht für sein Schiff die geeignete Tiefe
zu sichern.

Verkehrt fahren können alle.

Vom Steuern

Gott hilft dem Schiffer, aber steuern muß er selbst.

Das Schiff hängt stärker ab vom Steuer als das Steuer vom Schiff.

Leicht ist es, am Steuer zu sitzen, wenn es nicht stürmt.

Bei gutem Wetter wollen alle steuern.

Wo alles steuern will, kann man nicht segeln.

Steuern nach Ost und landen in West ist ein Mißgeschick.

Das Schiff geht nicht immer, wohin der Steuermann will.

Der Betrunkene ist wie ein Schiff ohne Steuer.

Das Ruder ist der Kopf des Schiffes.

Es ist nicht angenehm, nach der Hölle zu steuern.

* * *

Man muß steuern, wie man's ausführen kann.

Es ist übel zu steuern, wenn man den Weg nicht weiß.

Der eine steht am Ruder, der andere am Bug.

Es ist übel schiffen gegen die Strömung.

Nicht alle Klippen sind in einem Zuge zu umschiffen.

Vom Segeln

Man muß das Volk seine eigene See besegeln lassen.

Vorm Wind ist gut segeln.

Man muß segeln, wenn der Wind weht.

Wenn der Wind entgegen weht, so hole man das Segel ein.

Spanne das Segel so auf, daß es Wind fängt.

Man muß das Segel so setzen, wie der Wind bläst.

Segelt in Sicht vom Land!

Nächst dem Lande ist am schlimmsten zu segeln.

Am lustigsten ist segeln nahe dem Land
und spazieren am Wasser.

Sobald das Glück die Segel streicht, legt sich der Übermut nieder.

* * *

Allzeit muß man ein Auge auf die Segel haben.

Besser das Segel einholen als kentern.

Man muß beides können: nachlassen und anholen.

«Segle!» sagte der König. «Halt!» sagte der Wind.

Ohne Steuer ist übel zu segeln.

Auf See muß man entweder segeln oder sinken.

Vom Rudern

Es ist leicht zu rudern unter vollem Segel.

Wo man nicht segeln kann, muß man rudern.

Im Schatten des Segels ist gut rudern.

Frei vom Rudern ist, wem es gelingt, mit dem Strom zu treiben.

Ein schlechter Ruderer schimpft auf die Ruder.

Laßt den bei den Riemen bleiben, der rudern gelernt hat.

Es ist übel zu rudern, wenn das Ruder zerbrochen ist.

Es versteht zu schiffen, wer gerudert hat.

Es ist besser zu rudern als fortzutreiben.

Einer kann nicht zugleich Wasser schöpfen und rudern.

Auch ein kleines Ruder kann den Arm ermüden.

* * *

Man muß rudern mit den Riemen, die man hat.

Zuerst rudere man zur nächstgelegenen Landspitze.

Krummes Rudern macht langen Fjord.

Wer auf die See hinaus will, soll nicht zu hastig rudern.

Wer einsam rudert, der einsam fischt.

Gleichstarke Hände rudern ein Boot am besten.

Der erste im Boot sitzt am hintersten Riemen.

Vom Schiffsdienst

Seefahren ist kein Zuckerlecken.

Lange Reise macht knurrig Volk.

Pech und Teer sind Schiffers Ehr.

Ein Pechanstreicher hat auch Pech an den Hosen.

Es ist besser, Herr einer Schaufel als Diener eines Schiffes zu sein.

Auch ein Seemann fällt mal über Bord.

Wer nicht aufpaßt, der kommt an den Mast.

Man wirft die Axt in die See und geht auf dem Landweg heim.

Fünf Finger sind besser als ein Bootshaken.

Nichts ist so schwarz wie eine Kombüse.

Wer den Koch kritisiert, muß die Kombüse verlassen.

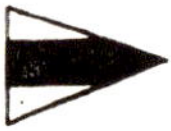

* * *

Nichts zu sagen hat ein Landkorporal auf See.

Bäckerschnack und Bootsschnack soll kein Mann führen.

Die Flagge soll man aufs Vordertopp setzen.

Vom Schiffbruch

Ein böses Weib ist des Mannes Schiffbruch.

Süß ist gemeinsamer Schiffbruch.

Es zerbricht ein Schiff, wer ein Schiff hat.

Ein Schiff auf Strand ist eine gute Warnung für andere.

Ein Wrack ist das zuverlässigste Seezeichen.

Ein heiles Boot ist besser als ein zerbrochenes Schiff.

Man kennt die Klippe, nachdem das Schiff darauf gestoßen ist.

Eine kleine Klippe kann ein großes Schiff zum Scheitern bringen.

Mit dem Schiff kann man zum Stockfisch kommen wie mit dem Geschoß zum Vogel.

Man kann nicht wissen, wo das Bündel an Land treibt.

Vom Schwimmen

Die Welt ist rund: Wer nicht schwimmen kann, der geht zu Grund.

Die besten Schwimmer meiden den Grund.

Wer in Sünden schwimmt, wird in Sorgen versinken.

Wenn das Wasser bis zum Munde reicht, lernt man am ehesten schwimmen.

Ein guter Schwimmer kann auch einmal sinken.

Bevor du nicht schwimmen gelernt hast, wage dich nicht tiefer ins Wasser, als du waten kannst.

Stromaufwärts ist gut schwimmen.

Es ist bequemer zu schwimmen, wenn ein anderer einem den Kopf hochhält.

Wenn der Kranich Bürge für die Wildgans wird, schwimmen beide davon.

Vom Ertrinken

Gott läßt einen wohl sinken, aber nicht ertrinken.

Ein Ertrinkender greift nach dem Strohhalm.

Wer ertrinkt, würde sich an ein Seil vom Himmel anklammern.

Mancher achtet nicht, ob ein anderer untersinkt, wenn er nur selber oben schwimmt.

Auch der beste Schwimmer kann ertrinken.

Ein Mann über Bord: ein Esser weniger!

Der Tod hat das Netz an allen Ausgängen ausgespannt.

Viele ertrinken nahe dem Lande.

Ein guter Schwimmer ertrinkt zuletzt.

Entweder trinken oder ersaufen.

Wenn man ertrinken muß, so ertrinke man im Meer.

* * *

Wer durch alle Wasser waten will, der ertrinkt zuletzt.

Ein leuchtendes Licht kann erlöschen,
ein segelnder Mann ertrinken.

Es ist besser, auf dem Lande zu gehen und
einen Umweg zu machen, als im Wasser zu liegen
und um Hilfe zu rufen.

Wer gerettet ist, geht um den See herum.

Vom Ertrinken im Glase

Es ertrinken mehr im Weinglas als in der See.

Im Becher ersaufen mehr als auf See.

Es ertrinken jährlich mehr im Wein als im Wasser.

Nichts so ungewiß wie'n ungefangen Fisch!
Große Fische halten sich in der Tiefe.
Von Fischern
und dem
FISCHEN

Von Fischern

Ein Fischer und ein Freier müssen viel Geduld haben.

Auch einem klugen Fischer kann ein Aal entwischen.

Wer hinter Fischen und Federn hergeht, kommt in dieser Welt schlecht an.

Sieben Jäger, sieben Fischer, sieben Weber
sind einundzwanzig arme Handwerker.

Jäger, Fischer, Vogelsteller: drei Bettlerhandwerke.

Fischlein und Vöglein machen den Mann arm.

Es ist nicht immer der tüchtigste Mann, der am meisten fängt.

Der Fischer ißt nicht das Beste selbst.

Finge der Fischer alles, was er wünschte, so würde das Boot zu voll.

* * *

Es kann keiner so schimpfen wie ein Fischweib
über einen falschen halben Pfennig.

Wer will mich Karpfen kennen lehren, wo doch mein
Vater ein Fischer war!

Eines Fischers Gang: zwei Schritte und –
über Bord!

Adlig von gerader Linie, wessen Vater ein Fischer war!

Vom Fischgewässer

Im trüben Wasser ist gut fischen.

Trübes Wasser, Fisch in Bewegung.

Im trüben Wasser spannt das Netz!

Im trüben Wasser ist der beste Aalfang.

Wo ein Teich ist, da sind auch Forellen.

In solchem Wasser fängt man solche Fische.

In stillem Fluß gehe nicht fischen.

In großen Gewässern fängt man große Fische.

Ein kleiner Bach hat auch seinen Fisch.

Wo das Meer ist, ist Fisch.

In seichtem Wasser fängt man keine großen Fische.

Die See hat Überfluß an Fischen
und Deutschland an Soldaten.

Vom Fischfang

Wer schläft, fängt keine Fische.

Manchmal, wo wir zu fangen denken, werden wir gefangen.

Wer selten ausrudert, der fischt selten.

Wer nicht wagt, der fischt nicht.

Schenken heißt fischen.

Nicht alle Tage sind Fangtage.

Es kommt nicht jedes Jahr ein Wal zu Lande.

Wenn einer fischen will, so fängt er oft Krebse.

Kein Fisch gleicht dem im großen Weiher.

Es sind die Narren, welche das Wasser trüben, und es sind die Klugen, welche fischen.

Jeder Tag ist ein Essenstag, aber nicht jeder Tag ein Fangtag.

Von der rechten Art zu fischen

Der Hastige fischt in einem leeren Teich.

Eine hastige Hand fängt Frösche statt Fische.

Wer mit silbernen Spießen fischt,
ist des Erfolges sicher.

Auch ein kleines Netz kann große Fische erjagen.

Mancher Fisch ist mit dem ersten Netz nicht zu fangen.

Wer so nichts kriegt, fischt hinterm Netz.

Fischen in der Luft ist verlorene Mühe.

Wenn man sich ans Wasser setzt, kommt einem auch mal ein Fisch ins Netz.

Einer zieht das Netz heraus, und ein anderer greift den Aal.

Niemand zieht eines anderen Fisch aus der See.

Vom Angeln

Mit großen Angeln fängt man große Fische.

Fische fängt man mit Angeln, Männer mit Worten und Frauen mit Putz.

Wenn der Fisch nach Fliegen schnappt, so muß er auch vorliebnehmen mit der Angel.

Eine Angel mag verlorengehen, wenn ein Lachs gefangen wird.

Der Fisch fängt den Köder, aber die Angel fängt den Fisch.

Wenn der Fisch die Angel kennt, denkt er wenig an den Köder.

Wirf eine Sprotte aus, um einen Wal zu fangen!

Man muß eine Elritze preisgeben, um einen Lachs zu fangen.

Vom Naßwerden

Wer Fische fangen will, darf keine Angst haben, naß zu werden.

Wer sich nicht naß machen will, der fischt wenig.

Der Fuchs, der Fische fangen will, muß es sich zumindest nasse Pfoten kosten lassen.

Wohl möchte die Katze den Fisch haben, aber die Pfoten sollen dabei nicht naß werden.

Es genügt nicht, den Karpfen zu sehen: Um ihn zu haben, muß man die Kralle naß machen.

Wer fischen will, macht sich den Hintern naß.

Wer Fisch will, muß sich naß machen;
und wer Feuer braucht, muß es suchen.

Wer Fisch liebt, muß sich die Beine naß machen.

Trockenen Fußes fängt man keine Langusten.

Man fängt nicht Forellen mit trockenen Hosen.

Vom ungefangenen Fisch

Nichts so ungewiß wie'n ungefangen Fisch!

Man soll keinen Fisch verkaufen, bevor er gefangen ist.

«Hätte gefangen» und «können fangen» ist nicht gut auf den Tisch zu setzen.

Weide deinen Fisch nicht aus, bis du ihn hast.

Du magst den Fisch in Stücke schneiden, wenn er zu Tisch getragen wird.

Ein kleiner Fisch auf dem Tisch ist besser als ein großer im Fjord.

Rufe nicht: «Fisch!», bevor du ihn bei den Kiemen hast.

Bis man die Heringe gefangen hat, sind die Fische weg.

Kleine Fische schlüpfen durch das Netz.

Vom Fangergebnis

Unbeständig ist die Ausbeute der See.

Es ist gut, das Seine auf dem Trockenen zu haben.

Ein Fang zur Zeit ist ein guter Fang.

Selten ist Dorsch im Fischgewimmel.

Besser ist, Wind zum Segeln als Wind im Netz
zu haben.

Schön ist der Frieden im Fischernetz.

Alles ist Fisch, was ins Netz gerät.

Es ist nicht alles Fisch, was im Netz hängenbleibt.

Kleine Fische kommen in des armen Mannes Netz.

Besser kleine Fische als leere Tische.

Das Gedächtnis ist wie das Fischnetz:
Etwas behält es, etwas geht durch.

Manchmal ist die Ausgabe größer als der Fang.

Von Fischen und Seetieren

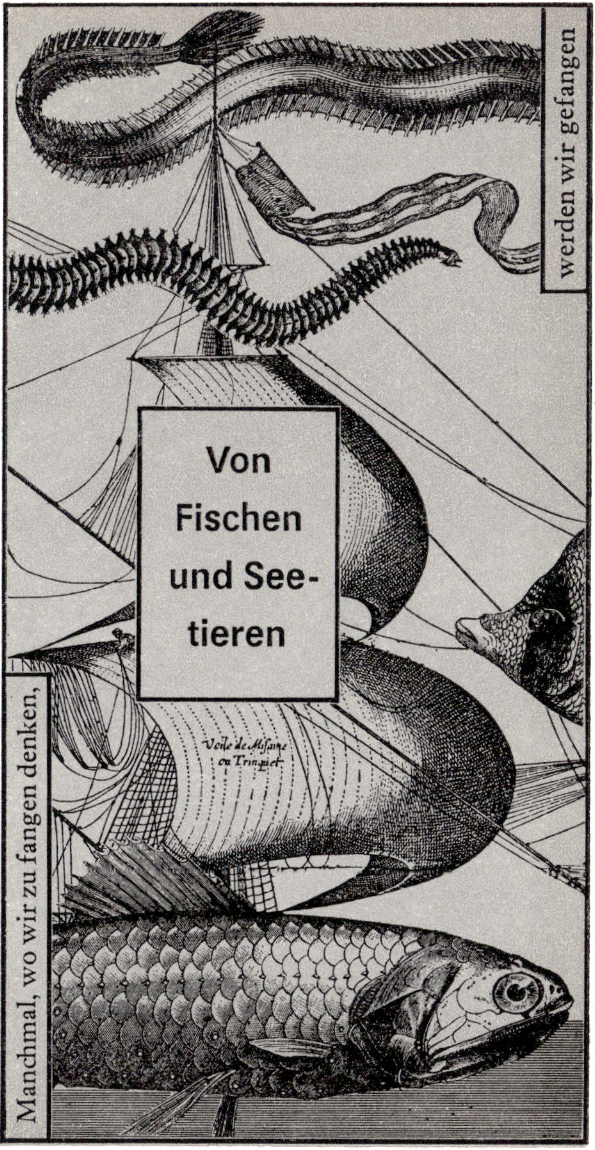

Manchmal, wo wir zu fangen denken,
werden wir gefangen

Von guten und schlechten Fischen

Ungenießbare Fische wirft man weg, auch wenn sie fett und glänzend sind.

Es ist immer so guter Fisch in der See, wie jemals aus derselben kam.

Es bessert sich mancher wie schlechter Fisch im Juli.

Besser ist ein Schwarzschwanz als hundert Rotschuppen.

Ein Fisch, der keine Flossen hat – ein sonderbarer Fisch.

Wie weit der Schellfisch auch geht, er behält immer den schwarzen Fleck an der Seite.

Von großen und kleinen Fischen

Die großen Fische fressen die kleinen.

Große Fische reißen das Netz entzwei.

Große Fische kommen nicht in kleine Gewässer.

Große Fische halten sich in der Tiefe.

Von kleinen Fischen werden die Hechte groß.

Klein sind des armen Mannes Fische.

Man soll einen kleinen Fisch nicht wegwerfen,
bevor man einen großen fängt.

Vom schwimmenden Fisch

Fische wollen schwimmen.

«Hier schwimmen wir Fische»,
sagte der Zwergstichling.

Der Fisch, der in einem kleinen Teich schwimmt,
wird nach Schmutz riechen.

Es sind nicht alles gute Fische, die schnell
schwimmen.

Man braucht die Fische nicht schwimmen zu lehren.

Es ist überflüssig, die Katze mausen, den Fisch
schwimmen und den Adler fliegen zu lehren.

Den Fischen ist nicht wohl auf dem Berge.

Vom frischen und vom stinkenden Fisch

Nichts ist so frisch wie'n gefangen Schellfisch.

Wenn der Fisch nicht frisch, taugt er nichts.

Iß Fisch, wenn er frisch ist, und verheirate deine Tochter, wenn sie jung ist.

Der Gast und der Fisch stinken nach drei Tagen.

Fisch verfault zuerst am Kopfe.

Vom stummen Fisch

Vor stumm gewordenem Fisch fliehe!

Stummem Fisch, einem Menschen, der nicht spricht, und einem Hund, der nicht bellt, traue nicht.

Schweigend kommt der Dorsch an den Köder.

Vom Stockfisch

Mancher Schlag macht den Stockfisch mürbe.

Die Frauen, die Hunde und der Stockfisch müssen gut geklopft werden, damit sie gut seien.

Drei Dingen bringen Schläge Nutzen:
Korngarben, Stockfischen und bösen Weibern.

Von Heringen

Vor versammelten Heringen fürchten sich auch große Fische.

Versammelt jagt ein Heringszug auch einen Wal.

Man lasse jeden Hering an seinem eigenen Schwanz hängen.

Nie liebte eine Kaldaunen-Frau eine Herings-Frau.

Die Tonne riecht immer nach Hering.

Vom Aal

Aal ist Aal: allzeit schlüpfrig und glatt.

Es ist besser, Kopf des Aals zu sein als Schwanz
des Störs.

Unmöglich, einen Aal in einen Sack zu stecken.

Wenn man den Aal drückt, so entschlüpft er.

Wer den Aal beim Schwanze hält, hat ihn noch nicht.

Wer den Aal beim Schwanz faßt und das Weib
beim Wort, kann wohl sagen, daß er nichts hält.

Von Krebsen

Wo das Loch ist, ist der Krebs.

Zu erkennen ist der Krebs an den Scheren.

Wenn der Krebs richtig gehen könnte, wäre er nicht so verachtet.

Oft geht eine Sache im Krebsgang.

Krebsgang ist ein schlechtes Vorzeichen.

Von Muscheln

Es ist Leben in der Muschel, solange sie auf- und zugeht.

Dann wird die Muschel gesotten, wenn nichts anderes da ist.

In Ermangelung von Fisch ißt man Muscheln.

Wer Geld hat, hat Muscheln.

Von der Fischspeise

Grütze und Fisch ist das Gebot für das Gastmahl.

Vom entwischten Fisch hat man nie gegessen.

Oft gilt die Soße mehr als der Fisch.

Fleisch macht Fleisch, und Fisch macht Fisch.

Behalte deine Fischeingeweide für deine eigenen Seemöwen.

Der mag sehr wohl fasten, der Fisch auf dem Tisch hat.

Langes Fasten sammelt Wind.

Fleisch setzt Fleisch an, Fisch aber ernährt dich.

Wer Schaltiere essen will, muß die Schalen zerbrechen.

Dorsch ist Nordlands Nahrung.

Es gibt keinen Fisch ohne Gräten.

★ ★ ★

Alle Fische sind mit Flossen behaftet.

Ein jeder legt die glühende Kohle an seine Sardelle.

Hast du den Hering gegessen, sollst du auch den Senf mitessen, sagte der Knecht zur Katze.

Von Wind und WETTER

Wetter, Wind, Frauen und Glück ändern sich wie der Mond. Ostwind und Weiberzank

fangen mit Sturm an und enden mit Nässe.

Vom Wetter

Ist ein Hof um den Mond, so wird das Wetter kalt und rauh.

Nordglanz: Morgen Schönwetter;
Südglanz: Morgen Regen.

Ein schottischer Nebel wird einen Engländer bis auf die Haut durchnässen.

Beisonne im Osten: Trage die Boote aus ihren Schuppen;
Beisonne im Westen: Fahre heim so schnell, wie ein Pferd laufen kann.

Weder gutes noch schlechtes Wetter hält an.

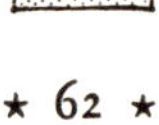

Vom Unwetter

Wenn die Möwen landeinwärts fliegen, so steht Unwetter bevor.

Es gibt kein Unwetter, das nicht zur rechten Zeit käme.

Unwetter wartet nicht, bis der Mann heimgekommen ist.

Es kommt kein Unwetter, ohne daß es für jemand gut wäre.

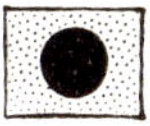

Vom Wind

Benutze den Wind, du weißt nicht, wie lange er währt!

Ein scharfes Messer muß haben, wer den Wind schneiden will.

Man kann an der Flagge sehen, wie der Wind weht.

Besser ist der Besitz als der Wind.

Laß den Wind und nimm den Besitz.

Wetter, Wind, Frauen und Glück ändern sich wie der Mond.

Sei nicht so, wie der Wind bläst.

Laufe nicht mit halbem Wind.

Wenn der Wind nicht von dem einen Klippenabhang kommt, so kommt er von dem anderen.

Winde sind nicht gut zu binden.

Wind und Wasser wollen ihren Gang haben.

* * *

Worte entschwinden wie der Wind, Taten aber überdauern den Augenblick.

Ist Wind und Strömung mit uns, so folgt auch das Schiff schnell nach.

Ein kleiner Windstoß schadet nicht.

Komme mit dem Wind und gehe mit dem Wasser!

Mäßiger Wind führt das Schiff am sichersten in den Hafen.

Gutwetterfreund wechselt wie der Wind.

Vom Gegenwind

Alle Winde haben Gegenwinde.

Auch Gegenwind muß sich wohl einmal wenden.

Dem Ungeschickten kommt der Wind immer von vorn.

Halte deinen Rücken gegen den Wind und die Stirn gegen die Sonnenhitze.

Der Wind, der einem ins Gesicht weht, macht klug und weise.

Es bläst kein Wind nach jedermanns Wunsch.

Der Wind, welcher den einen in den Hafen bläst, bohrt andere in den Grund.

Einmal bessert sich der Fahrtwind, auch wenn er jetzt entgegen bläst.

Ist der Wind entgegen, so laviere!

Von Nordost- und Ostwind

Nordost ist der Schiffersfrauen Trost;
Nordwest ist des Schiffers best.

Nordost bittet um Südwests Tochter,
denn was der eine naß macht, das trocknet der andere.

Ostwind ist ein Königskind.

Ostwind und Weiberzank fangen mit Sturm an
und enden mit Nässe.

Vom Segelwind

Es ist nicht jeden Tag, daß Segelwind weht.

Wer wartet, erlangt einmal Segelwind.

Segelwind wartet nicht auf den Segler.

Es erlangt Segelwind, wer wartet, und einen Hafen, wer rudert.

Segelwind weht gleich gut, mag der Schiffer schlafen oder tätig sein.

Wer nicht segelt, wenn Fahrwind bläst, muß warten, bis Fahrwind wiederkommt.

Ein mäßiger Segelwind ist am besten.

Des einen Mannes Segelwind ist des andern Mannes Gegenwind.

Der Wartende erlangt Segelwind,
der Hastige bekommt Gegenwind.

Von Wellen

Auf großen Seen gehen große Wellen.

Wellen wogen und Wellen strömen, hin und her.

Ein volles Boot will keine starken Wellen haben.

Je größer die See, desto höher die Wellen.

Ein böses Gewissen ist wie eine aufgewühlte See.

Gedanken treiben hin und her wie ein Seeschiff auf den Wellen.

Besser ist es, vor den Wellen eine Bordwand zu haben.

Von Stürmen

Meeresstille deutet auf Sturm.

Starke Stürme machen große Wellen.

Stürmische See macht trübe Woge.

Im Sturm wird man seine Stärke erproben.

Versprechen, die im Sturm gemacht werden, sind bei Ruhe wieder vergessen.

Bei schwerem Sturm wirft man auch das Liebste über Bord.

Oft kommen stärkste Stürme nach mildester Windstille.

Wer kann den Sturm aufhalten, wenn er erst tobt?

Selten flaut ein Sturm ab ohne Regen.

Wer Wind sät, der erntet Sturm.

Nicht jede Wolke führt einen Sturm herbei.

Es kommt einmal Stille nach dem Sturm.

Von Ebbe und Flut

Jede Flut will eine Ebbe haben.

Frauenlist kennt keine Ebbe.

Wo nichts ist, nimmt selbst die Hochflut nichts weg.

Vollmond und Flut ist günstige Zeit.

Was mit der Ebbe kommt, wird mit der Flut wieder weggehen.

Kaufmannsgut steigt und fällt wie Ebbe und Flut.

Schiffers Gut holt Ebbe und Flut.

Zeit, Ebbe und Flut warten auf niemand.

Es kommt einmal Ebbe nach der Flut.

Nach hohen Fluten kommen lange Ebben.

Nur an Küsten ist das Auf und Ab der Gezeiten wahrnehmbar.

* * *

Glück ist wie die See: Bald ebbt, bald flutet es!

Ob Ebbe, ob Flut – begegne den Gezeiten!

Niemand ist Herr auf See.

Von WASSER und Gewässern

Keiner kommt tiefer als bis auf den Grund.

Vom stillen Wasser

Stille Wasser haben tiefe Gründe.

Stilles Wasser unterwühlt Mauern.

Die stillen Wasser sind's, die erweichen.

Stille Wasser tun's und schweigen.

Stilles Wasser höhlt das Ufer.

Sanft Wasser ist grundlos.

In stillen Fluß stecke nicht deinen Finger.

Über schweigenden Fluß fahre nicht.

Stummer Fluß reißt den Menschen fort.

Tiefe Strömungen laufen still.

Stilles Wasser ist oft voll Gewürm.

Im ruhigsten Wasser sind die schlimmsten Gnomen des Grundes.

* * *

In den stillsten Wassern gehen die größten Fische.

Stilles Wasser ertränkt, überschwemmt und schadet
Tag und Nacht.

Hüte dich vor stillem Wasser und stummen
Hunden.

Gott behüte uns vor dem stillen Wasser,
denn das fließende läuft vorüber.

Von dem stillen Wasser befreie uns Gott,
denn von dem wilden befreien wir uns selber.

Vom stehenden Wasser

Stillstehendes Wasser wird bald faulen.

Es gibt kein schlimmeres Wasser als das,
welches schläft.

Gebrauchte Pflüge blinken, stehende Wasser
stinken.

Das tote Wasser erzeugt die Kröten.

Das Wasser im Schlaf ist schlimmer als das im Lauf.

Stehendes Wasser frißt am Ufer;
ein Gießbach tritt im Dahineilen zurück.

Fließendes Wasser ist besser als stehendes.

Von der Tiefe des Wassers

Wo der Fluß am tiefsten geht, macht er
am wenigsten Geräusch.

Seichte Bäche brausen am schlimmsten.

Tiefes Wasser fließt fort mit dem geringsten
Geräusch.

In reißenden Wassern ist kurzes Grundmaß.

Es ist besser zu waten im Bach als im Strom.

Wate nicht in dem Wasser, in welchem du den
Boden nicht sehen kannst.

Es darf nicht tief sein, wo eine Krähe waten soll.

Bodenlose Tiefe ist schwer zu erforschen.

Das Wasser kennt, wer es abgewatet hat.

Je länger man watet, um so tiefer wird das Wasser.

* * *

Wer in allen Wassern waten will, der kommt auf verschiedenartigen Boden.

Weit ist es gekommen, wenn das Wasser bis an den Mund steht.

Zwischen Teufel und tiefer See ist schwer zu wählen.

Keiner kommt tiefer als bis auf den Grund.

Vom Weg des Wassers

Wasser weiß, welchen Weg es gehen soll.

Wasser weiß mehr als wir: Es findet immer den flachsten Weg.

Den starken Strömen werden die meisten folgen.

Wer dem Flusse folgt, kommt einmal an die See.

Wasser geht von selbst zur See.

* * *

Alles Wasser will zum Strand und alles Geld zum reichen Mann.

Was vom Wasser fortgetragen wird, hält sich an jedem Dorn fest.

Zu Wasser kommt's, zu Wasser geht's.

Immer rinnt das Wasser dahin, wo es schon gewesen ist.

Die Wasser laufen hinab ins Meer und alle Dinge zu ihrem Ursprung.

In hundert Jahren und hundert Monden kehrt das Wasser an seine Orte zurück.

Was an Backbord eindringt, muß an Steuerbord wieder heraus.

Von den Eigenheiten des Wassers

Wasser dringt durch Stiefel und Liebe durch Handschuhe.

Wasser, im Mörser gestampft, ist und bleibt Wasser.

Das Wasser, welches läuft, setzt keinen Schlamm an.

Wer das Wasser über den Kopf holt, der bekommt es leicht in die Ärmel.

Wo man es am wenigsten vermutet, teilt sich das Wasser.

Niemand vermag Wasser mit Wasser zu trocknen.

Unter dem Eis sind keine Balken.

Das Wasser und der Tod stehen hinter den Türen.

Der Tod und das Wasser kommen schnell.

Vom Wert des Wassers

Wassernot ist schlimmer als Feuersnot.

Wir werden das Wasser erst missen,
wenn die Quelle versiegt ist.

Sage nicht: Von diesem Wasser werde ich nicht trinken! – so trübe es auch sein mag.

Von reiner Quelle fließt reines Wasser.

Man schüttet das faule Wasser nicht weg,
bevor man gutes hat.

Wo man trinken muß, spuckt man nicht hinein.

Trink Wasser, so behältst du deinen Verstand!

Vom klaren und schmackhaften Wasser

Es ist kein Wasser so klar, daß es gänzlich ungetrübt wäre.

Je näher die Quelle, desto klarer das Wasser.

Das Wasser in der Quelle ist süß und klar, und hernach wird es trübe und salzig.

An der Quelle schmeckt's Wasser am besten.

Gestohlenes Wasser ist süßer.

Von kleinen Tropfen und großen Strömen

Kleine Tropfen bilden die große See.

Tropfen machen eine ganze Flut zuletzt.

Tropfen nach Tropfen kann auch das Meer
entwässert werden.

Das Wasser kleiner Flüsse macht zuhauf einen Strom.

Die kleinen Rinnsale machen die großen Wasser.

Es tut alles seine Wirkung, sagte die Maus
und pißte in die See.

Von Flüssen und Strömen

Je reißender der Strom, um so übler zu waten.

Es ist besser, einen Bach zu dämpfen als einen Strom.

Wenn der Strom überschritten ist, ist der Heilige vergessen.

Sieh dir den Fluß wohl an, bevor du über die Furt gehst.

Vergebliche Mühe, einen Meeresstrom zu stopfen oder Habgier voll zu befriedigen.

Wenn ein Fluß zwei Tälern Wasser gibt, wird entweder das eine oder das andere Mangel daran haben.

Träume sind wie Ströme: zuweilen entgegen, zuweilen mitreißend.

Von der Art der See

Die See zehrt.

Die See macht ruhig.

Wenn die See sich die Zähne spült, hält sie
den Rachen geöffnet.

Was auf See kommt, muß entweder sinken
oder fließen.

Wer ans Meer geht, macht sich naß.

Wenn du ans Meer gehst, triffst du kein Wasser.

Dem Höllenschlund oder dem Meere gleicht
der Sinn des Habsüchtigen.

Niemand ist Herr auf See.

Von der Zwiespältigkeit des Meeres

Lobe das Meer und halte dich an Land.

Es ist leicht, die See zu rühmen, wenn man selbst an Land ist.

Um schöne Aussicht zu haben, blicke man aufs Meer und bleibe auf dem Lande.

Rufe nicht «Gewonnen!», bevor du über den Sund bist.

Liebe das Meer und bleibe in der Schenke.

Wer Wasser und Wind fürchtet, begebe sich nicht aufs Meer.

Wirf mich, wohin du willst, sagte die Schlange, nur nicht ins Wasser.

Von Seepferdchens Meeresweisheit

Du magst Zeit und Meeresstrom anbinden,
aber du kannst Liebe und Licht nicht verbergen.

Drüben überm Wasser wohnen auch Menschen.

Gib mir Glück und wirf mich ins Meer.

Nachwort

Vor etwa 100 Jahren hat Wiard Lüpkes, Pastor zu Marienhafe in Ostfriesland, damit begonnen, eine umfangreiche Sammlung maritimer Sprichwörter und Redensarten anzulegen. Sie beruht auf der Auswertung einer Vielzahl alter Quellen und erschließt aus den germanischen und romanischen Sprachen einen umfassenden Sprichwortschatz zum Seewesen, Seemanns- und Fischerleben. Diese Sammlung erschien dann in einigen Heften der «Marine-Rundschau» der Jahrgänge 1899 und 1900 und gleichfalls im Jahr 1900 als ein in Buchform zusammengefaßter Sonderdruck dieser Zeitschrift. Die hier vorliegende Sammlung stellt eine Auswahl dar, die sprachlich behutsam modernisiert worden ist.

Man stelle sich vor: die Amts- oder Studierstube eines ostfriesischen Pastors an langen und vielleicht stürmischen Herbst- und Winterabenden. Nach getaner Arbeit, beim Kerzen- oder Öllampenlicht sind die verschiedenen alten Folianten und Quartbände über den Tisch gebreitet und aufgeschlagen. Soweit sie nicht aus dem eigenen Bücherbestand stammen, sind sie von Freunden und Bekannten ausgeliehen; die Benutzung von «Haußner's Phraseologia Anglogermanica, von 1798» verdankt er «der Freundlichkeit des Herrn Senators Eiben zu Norden, des langjährigen verdienstvollen Direktors der Norder Dampfschiffrhederei». Der Herr Konsul Bernhard Brons junior besorgte ihm «die besten Sprichwörtersammlungen in norwegischer, später in schwedischer und dänischer Sprache». Sein Amtsbruder Goedel machte ihn «auf eine einschlägige Monographie des Sprenger v. Eijck, Predikanten te Rotterdam, aufmerksam ...». Einige der ausgebreiteten Werke stammen aus Universitätsbibliotheken; aus Kiel kam «eine bedeutende Isländische Sprichwörtersammlung» und aus Göttingen ein Band mit friesischen Sprichwörtern: «Reijner Bogermans Friesche Rijmspreuken». – Eine Feder kratzt übers Papier und exzerpiert Spruch um Spruch. Daneben steht auf dem Tisch – es is' gerade man noch Platz dafür – 'n ordentlicher Teepott, dampfend, mit Kluntjes (das sind Kandiszuckerfelsen) und reichlich wolkenbildender Sahne. Es wird emsig gearbeitet ...

Gelegentlich sucht der Herr Pastor wegen einiger Wörterbücher, die er beim Übersetzen zu Hilfe nimmt, die Norder Stadtbibliothek auf, «die von dem weiland Geheimen Kommerzienrath Jan ten Doornkaat-Koolman her einen bedeutenden Vorrath davon hat». Dieser Herr war nämlich der Verfasser des von 1879–1884 in Norden erschienenen «Wörterbuchs der ostfriesischen Sprache» in 3 Bänden. Daselbst in der Bibliothek findet der Herr Pastor ein sehr ergiebiges «standard work», die «Sprichwörter der germanischen und romanischen Sprachen» (1872/75), vergleichend zusammengestellt von Ida Düringsfeld und Otto Freiherr v. Reinsberg-Düringsfeld. Er macht sich daran, «aus diesem 1160 Seiten umfassenden ..., durchaus wissenschaftlich gehaltenen Werk die betreffenden Sprichwörter auszuwählen».

Anerkennung ist der Mühe Lohn; Pastor Lüpkes' Arbeit findet «Verständnis und Interesse», besonders bei der «Gesellschaft für bildende Kunst und vaterländische Alterthümer in Emden», in welcher er schon einmal mit einer Arbeit über «Das Meer und die Verhältnisse des Meeres im ostfriesischen Volksmund» hervorgetreten war. Es entsteht eine allgemeine Bereitwilligkeit, die Arbeit «zu fördern, auf alle Weise und bei jeder Gelegenheit». Ganz in diesem Sinne macht der Herr Lotsenkommandeur Laarmann-Emden schließlich noch auf einige französische Sprichwörter aufmerksam, und endlich kann auch der Herr Lehrer Leege von der Insel Juist noch etwas beitragen und – last not least – wird der «hochbetagte Altschiffer Jann Onnen Visser» mit nicht geringem Erfolg befragt ...

So etwa ist – allmählich und mühevoll – Seite für Seite das Manuskript der ersten umfassenden Sammlung maritimer Sprichwörter und sprichwörtlicher Redensarten entstanden. Zum Gebrauch für alle Freunde des Seewesens, des Schiffer- und Fischerlebens bestimmt, soll sie jedoch «auch den Marine- und seemännischen Kreisen einen Genuß gewähren». Und das Geleitwort vom Herrn Pastor endet: «So möge denn diese Sammlung glücklich vom Stapel laufen ...»

Dies ist auch geschehen, und die Sammlung hat einstmals «gute Fahrt» gemacht. Doch lief inzwischen viel Wasser den Strom hinab, und so, wie von Zeit zu Zeit für sich wandelnde Anforderungen und Möglichkeiten neue Schiffe entworfen und gebaut werden müssen, so erging es nun auch dieser Sammlung. Sie wurde für diese Ausgabe sozusagen «ins Trockendock gebracht», sorgfältig untersucht und dann in ihre verschiedenen Baugruppen und Elemente zerlegt. Aus einigen der so gewonnenen Elemente ist eine neue Sammlung «auf Kiel gelegt» worden. Dabei mußte – nicht ohne Bedauern – einiges «über Bord gehen». So sind z. B. die Sprüche in der «alten Sammlung» zunächst in ihrer Originalsprache verzeichnet –

jeweils nach Sprachgruppen und Sprachen geordnet – und nur verschiedentlich ins Deutsche übersetzt oder mit einer bildhaften Entsprechung bzw. sprachlichen Anmerkung versehen. Auch hat Lüpkes kleine Abweichungen und Nuancierungen im Ausdruck als jeweilige Varianten eines Spruchs mit aufgenommen. Etwa die Hälfte des Umfangs jener alten Sammlung machen sprachliche Wendungen aus, die keine eigenständigen Sprichwörter darstellen. Natürlich taucht dort eine Vielzahl von Sprichwörtern auch mehrfach auf, denn sie sind gewissenhaft in jeder Sprache verzeichnet, in der sie gebräuchlich sind und entdeckt wurden.

Aber nicht alles «Material» konnte wiederverwendet werden. Gleicht die Sammlung Wiard Lüpkes' einem breiten und schweren Dampfschiff, so gleicht die neue mehr einer leichten Yacht. Sie behält jedoch in gutem Gedenken den Namen «Seemannssprüche» als Untertitel bei, und der jetzige Herausgeber erneuert den Wunsch, daß auch diese Sammlung glücklich vom Stapel laufen möge . . .

Knut-Hannes Wettig

Die Vignetten über den Seitenzahlen
sind Zeichen des Internationalen Flaggenalphabets.
Sie stellen jeweils einen Buchstaben dar.
Die dreieckigen Flaggen sind Hilfsstander.

2. Auflage · 1987

Lizenz-Nr. 395/3654/87 · LSV 7900
Printed in the German Democratic Republic
Satz und Druck:
Union-Druck (VOB) Halle (Saale)
Klischeeherstellung: BS Rudi Arndt, Berlin
Buchbinderische Verarbeitung:
VOB Kunst- und Verlagsbuchbinderei, Leipzig
Gestaltung:
Matthias Gubig, Berlin
700 088 4
00980